O MEU

Jornal da Gratidão

Para ser o número

Dia :

Data :

Estou grato por isso :

1

2

3

Hoje sinto :

Escreva ou desenhe o que quiser sobre o seu dia :

Os meus obstáculos e o que aprendi :

Se a gratidão não é a felicidade em si, ela tem gosto por ela : [Risos] - ROBERT EMMONS.

O que eu fiz foi interessante :

Dia :

Data :

Estou grato por isso :

1

2

3

Hoje sinto :

Escreva ou desenhe o que quiser sobre o seu dia :

Os meus obstáculos e o que aprendi :

Se a gratidão não é a felicidade em si, ela tem gosto por ela : [Risos] - ROBERT EMMONS.

O que eu fiz foi interessante :

Dia :   Data :

Estou grato por isso :

1

2

3

Hoje sinto :

Escreva ou desenhe o que quiser sobre o seu dia :

Os meus obstáculos e o que aprendi :

Se a gratidão não é a felicidade em si, ela tem gosto por ela : [Risos] - ROBERT EMMONS.

O que eu fiz foi interessante :

Dia : **Data :**

Estou grato por isso :

1

2

3

Hoje sinto :

Escreva ou desenhe o que quiser sobre o seu dia :

Os meus obstáculos e o que aprendi :

Se a gratidão não é a felicidade em si, ela tem gosto por ela : [Risos] - ROBERT EMMONS.

O que eu fiz foi interessante :

Dia :

Data :

Estou grato por isso :

1

2

3

Hoje sinto :

Escreva ou desenhe o que quiser sobre o seu dia :

Os meus obstáculos e o que aprendi :

Se a gratidão não é a felicidade em si, ela tem gosto por ela : [Risos] - ROBERT EMMONS.

O que eu fiz foi interessante :

Dia : Data :

Estou grato por isso :

1

2

3

Hoje sinto :

Escreva ou desenhe o que quiser sobre o seu dia :

Os meus obstáculos e o que aprendi :

Se a gratidão não é a felicidade em si, ela tem gosto por ela : [Risos] - ROBERT EMMONS.

O que eu fiz foi interessante :

Dia :

Data :

Estou grato por isso :

1 ______________________

2 ______________________

3 ______________________

Hoje sinto :

Escreva ou desenhe o que quiser sobre o seu dia :

Os meus obstáculos e o que aprendi :

Se a gratidão não é a felicidade em si, ela tem gosto por ela : [Risos] - ROBERT EMMONS.

O que eu fiz foi interessante :

Dia : Data :

Estou grato por isso :

1 ____________________

2 ____________________

3 ____________________

Hoje sinto :

Escreva ou desenhe o que quiser sobre o seu dia :

Os meus obstáculos e o que aprendi :

Se a gratidão não é a felicidade em si, ela tem gosto por ela : [Risos] - ROBERT EMMONS.

O que eu fiz foi interessante :

Dia :　　　　Data :

Estou grato por isso :

1 ______

2 ______

3 ______

Hoje sinto :

Escreva ou desenhe o que quiser sobre o seu dia :

Os meus obstáculos e o que aprendi :

Se a gratidão não é a felicidade em si, ela tem gosto por ela : [Risos] - ROBERT EMMONS.

O que eu fiz foi interessante :

Dia :　　　　　　　　Data :

Estou grato por isso :

1 ____________________

2 ____________________

3 ____________________

Hoje sinto :

Escreva ou desenhe o que quiser sobre o seu dia :

Os meus obstáculos e o que aprendi :

Se a gratidão não é a felicidade em si, ela tem gosto por ela : [Risos] - ROBERT EMMONS.

O que eu fiz foi interessante :

Dia :

Data :

Estou grato por isso :

1 ______

2 ______

3 ______

Hoje sinto :

Escreva ou desenhe o que quiser sobre o seu dia :

Os meus obstáculos e o que aprendi :

Se a gratidão não é a felicidade em si, ela tem gosto por ela : [Risos] - ROBERT EMMONS.

O que eu fiz foi interessante :

Dia : Data :

Estou grato por isso :

1 ______

2 ______

3 ______

Hoje sinto :

Escreva ou desenhe o que quiser sobre o seu dia :

Os meus obstáculos e o que aprendi :

Se a gratidão não é a felicidade em si, ela tem gosto por ela : [Risos] - ROBERT EMMONS.

O que eu fiz foi interessante :

Dia : **Data :**

Estou grato por isso :

1 ______

2 ______

3 ______

Hoje sinto :

☺ 😀 😐 ☹ 😠

Escreva ou desenhe o que quiser sobre o seu dia :

Os meus obstáculos e o que aprendi :

Se a gratidão não é a felicidade em si, ela tem gosto por ela : [Risos] - ROBERT EMMONS.

O que eu fiz foi interessante :

Dia : Data :

Estou grato por isso :

1 ______________________________

2 ______________________________

3 ______________________________

Hoje sinto :

Escreva ou desenhe o que quiser sobre o seu dia :

Os meus obstáculos e o que aprendi :

Se a gratidão não é a felicidade em si, ela tem gosto por ela : [Risos] - ROBERT EMMONS.

O que eu fiz foi interessante :

Dia : **Data :**

Estou grato por isso :

1. ____________________

2. ____________________

3. ____________________

Hoje sinto :

Escreva ou desenhe o que quiser sobre o seu dia :

Os meus obstáculos e o que aprendi :

Se a gratidão não é a felicidade em si, ela tem gosto por ela : [Risos] - ROBERT EMMONS.

O que eu fiz foi interessante :

Dia :   Data :

Estou grato por isso :

1 ____________________

2 ____________________

3 ____________________

Hoje sinto :

Escreva ou desenhe o que quiser sobre o seu dia :

Os meus obstáculos e o que aprendi :

Se a gratidão não é a felicidade em si, ela tem gosto por ela : [Risos] - ROBERT EMMONS.

O que eu fiz foi interessante :

Dia : **Data :**

Estou grato por isso :

1 ____________________

2 ____________________

3 ____________________

Hoje sinto :

Escreva ou desenhe o que quiser sobre o seu dia :

Os meus obstáculos e o que aprendi :

Se a gratidão não é a felicidade em si, ela tem gosto por ela : [Risos] - ROBERT EMMONS.

O que eu fiz foi interessante :

Dia : **Data :**

Estou grato por isso :

1. ______________________

2. ______________________

3. ______________________

Hoje sinto :

☺ 😀 😐 ☹ 😠

Escreva ou desenhe o que quiser sobre o seu dia :

Os meus obstáculos e o que aprendi :

Se a gratidão não é a felicidade em si, ela tem gosto por ela : [Risos] - ROBERT EMMONS.

O que eu fiz foi interessante :

Dia : **Data :**

Estou grato por isso :

1 ____________________

2 ____________________

3 ____________________

Hoje sinto :

Escreva ou desenhe o que quiser sobre o seu dia :

Os meus obstáculos e o que aprendi :

Se a gratidão não é a felicidade em si, ela tem gosto por ela : [Risos] - ROBERT EMMONS.

O que eu fiz foi interessante :

Dia : **Data :**

Estou grato por isso :

1 ____________________

2 ____________________

3 ____________________

Hoje sinto :

Escreva ou desenhe o que quiser sobre o seu dia :

Os meus obstáculos e o que aprendi :

Se a gratidão não é a felicidade em si, ela tem gosto por ela : [Risos] - ROBERT EMMONS.

O que eu fiz foi interessante :

Dia : **Data :**

Estou grato por isso :

1 ______________________

2 ______________________

3 ______________________

Hoje sinto :

Escreva ou desenhe o que quiser sobre o seu dia :

Os meus obstáculos e o que aprendi :

Se a gratidão não é a felicidade em si, ela tem gosto por ela : [Risos] - ROBERT EMMONS.

O que eu fiz foi interessante :

Dia :　　　　Data :

Estou grato por isso :

1 ____________________

2 ____________________

3 ____________________

Hoje sinto :

Escreva ou desenhe o que quiser sobre o seu dia :

Os meus obstáculos e o que aprendi :

Se a gratidão não é a felicidade em si, ela tem gosto por ela : [Risos] - ROBERT EMMONS.

O que eu fiz foi interessante :

Dia :

Data :

Estou grato por isso :

1 ______________________________

2 ______________________________

3 ______________________________

Hoje sinto :

Escreva ou desenhe o que quiser sobre o seu dia :

Os meus obstáculos e o que aprendi :

Se a gratidão não é a felicidade em si, ela tem gosto por ela : [Risos] - ROBERT EMMONS.

O que eu fiz foi interessante :

Dia : **Data :**

Estou grato por isso :

1 ______________________________

2 ______________________________

3 ______________________________

Hoje sinto :

Escreva ou desenhe o que quiser sobre o seu dia :

Os meus obstáculos e o que aprendi :

Se a gratidão não é a felicidade em si, ela tem gosto por ela : [Risos] - ROBERT EMMONS.

O que eu fiz foi interessante :

Dia : **Data :**

Estou grato por isso :

1

2

3

Hoje sinto :

Escreva ou desenhe o que quiser sobre o seu dia :

Os meus obstáculos e o que aprendi :

Se a gratidão não é a felicidade em si, ela tem gosto por ela : [Risos] - ROBERT EMMONS.

O que eu fiz foi interessante :

Dia :

Data :

Estou grato por isso :

1 ______________________________

2 ______________________________

3 ______________________________

Hoje sinto :

Escreva ou desenhe o que quiser sobre o seu dia :

Os meus obstáculos e o que aprendi :

Se a gratidão não é a felicidade em si, ela tem gosto por ela : [Risos] - ROBERT EMMONS.

O que eu fiz foi interessante :

Dia :   Data :

Estou grato por isso :

1 ______________________________

2 ______________________________

3 ______________________________

Hoje sinto :

Escreva ou desenhe o que quiser sobre o seu dia :

Os meus obstáculos e o que aprendi :

Se a gratidão não é a felicidade em si, ela tem gosto por ela : [Risos] - ROBERT EMMONS.

O que eu fiz foi interessante :

Dia : Data :

Estou grato por isso :

1 ____________________

2 ____________________

3 ____________________

Hoje sinto :

Escreva ou desenhe o que quiser sobre o seu dia :

Os meus obstácules e o que aprendi :

Se a gratidão não é a felicidade em si, ela tem gosto por ela : [Risos] - ROBERT EMMONS.

O que eu fiz foi interessante :

Dia : **Data :**

Estou grato por isso :

1. ______________________________

2. ______________________________

3. ______________________________

Hoje sinto :

Escreva ou desenhe o que quiser sobre o seu dia :

Os meus obstáculos e o que aprendi :

Se a gratidão não é a felicidade em si, ela tem gosto por ela : [Risos] - ROBERT EMMONS.

O que eu fiz foi interessante :

Dia : **Data :**

Estou grato por isso :

1 ______________________________

2 ______________________________

3 ______________________________

Hoje sinto :

Escreva ou desenhe o que quiser sobre o seu dia :

Os meus obstáculos e o que aprendi :

Se a gratidão não é a felicidade em si, ela tem gosto por ela : [Risos] - ROBERT EMMONS.

O que eu fiz foi interessante :

Dia :

Data :

Estou grato por isso :

1

2

3

Hoje sinto :

Escreva ou desenhe o que quiser sobre o seu dia :

Os meus obstáculos e o que aprendi :

Se a gratidão não é a felicidade em si, ela tem gosto por ela : [Risos] - ROBERT EMMONS.

O que eu fiz foi interessante :

Dia : Data :

Estou grato por isso :

1 ______________________________

2 ______________________________

3 ______________________________

Hoje sinto :

Escreva ou desenhe o que quiser sobre o seu dia :

Os meus obstáculos e o que aprendi :

Se a gratidão não é a felicidade em si, ela tem gosto por ela : [Risos] - ROBERT EMMONS.

O que eu fiz foi interessante :

Dia : Data :

Estou grato por isso :

1 ____________________

2 ____________________

3 ____________________

Hoje sinto :

Escreva ou desenhe o que quiser sobre o seu dia :

Os meus obstáculos e o que aprendi :

Se a gratidão não é a felicidade em si, ela tem gosto por ela : [Risos] - ROBERT EMMONS.

O que eu fiz foi interessante :

Dia : **Data :**

Estou grato por isso :

1 ______________________

2 ______________________

3 ______________________

Hoje sinto :

☺ 😀 😐 ☹ 😠

Escreva ou desenhe o que quiser sobre o seu dia :

Os meus obstáculos e o que aprendi :

Se a gratidão não é a felicidade em si, ela tem gosto por ela : [Risos] - ROBERT EMMONS.

O que eu fiz foi interessante :

Dia : **Data :**

Estou grato por isso :

1 ____________________

2 ____________________

3 ____________________

Hoje sinto :

Escreva ou desenhe o que quiser sobre o seu dia :

Os meus obstáculos e o que aprendi :

Se a gratidão não é a felicidade em si, ela tem gosto por ela : [Risos] - ROBERT EMMONS.

O que eu fiz foi interessante :

Dia :   Data :

Estou grato por isso :

1 ______________________________

2 ______________________________

3 ______________________________

Hoje sinto :

Escreva ou desenhe o que quiser sobre o seu dia :

Os meus obstáculos e o que aprendi :

Se a gratidão não é a felicidade em si, ela tem gosto por ela : [Risos] - ROBERT EMMONS.

O que eu fiz foi interessante :

Dia : **Data :**

Estou grato por isso :

1 ______________________________

2 ______________________________

3 ______________________________

Hoje sinto :

Escreva ou desenhe o que quiser sobre o seu dia :

Os meus obstáculos e o que aprendi :

Se a gratidão não é a felicidade em si, ela tem gosto por ela : [Risos] - ROBERT EMMONS.

O que eu fiz foi interessante :

Dia : **Data :**

Estou grato por isso :

1 ____________________________

2 ____________________________

3 ____________________________

Hoje sinto :

Escreva ou desenhe o que quiser sobre o seu dia :

Os meus obstáculos e o que aprendi :

Se a gratidão não é a felicidade em si, ela tem gosto por ela : [Risos] - ROBERT EMMONS.

O que eu fiz foi interessante :

Dia : Data :

Estou grato por isso :

1 ______________________________

2 ______________________________

3 ______________________________

Hoje sinto :

Escreva ou desenhe o que quiser sobre o seu dia :

Os meus obstáculos e o que aprendi :

Se a gratidão não é a felicidade em si, ela tem gosto por ela : [Risos] - ROBERT EMMONS.

O que eu fiz foi interessante :

Dia :

Data :

Estou grato por isso :

1 ____________________

2 ____________________

3 ____________________

Hoje sinto :

Escreva ou desenhe o que quiser sobre o seu dia :

Os meus obstáculos e o que aprendi :

Se a gratidão não é a felicidade em si, ela tem gosto por ela : [Risos] - ROBERT EMMONS.

O que eu fiz foi interessante :

Dia : **Data :**

Estou grato por isso :

1 ____________________________________

2 ____________________________________

3 ____________________________________

Hoje sinto :

Escreva ou desenhe o que quiser sobre o seu dia :

Os meus obstáculos e o que aprendi :

Se a gratidão não é a felicidade em si, ela tem gosto por ela : [Risos] - ROBERT EMMONS.

O que eu fiz foi interessante :

Dia : **Data :**

Estou grato por isso :

1 ________________________________

2 ________________________________

3 ________________________________

Hoje sinto :

Escreva ou desenhe o que quiser sobre o seu dia :

Os meus obstáculos e o que aprendi :

Se a gratidão não é a felicidade em si, ela tem gosto por ela : [Risos] - ROBERT EMMONS.

O que eu fiz foi interessante :

Dia : **Data :**

Estou grato por isso :

1 ______________________________

2 ______________________________

3 ______________________________

Hoje sinto :

Escreva ou desenhe o que quiser sobre o seu dia :

Os meus obstáculos e o que aprendi :

Se a gratidão não é a felicidade em si, ela tem gosto por ela : [Risos] - ROBERT EMMONS.

O que eu fiz foi interessante :

Dia :

Data :

Estou grato por isso :

1 ____________________

2 ____________________

3 ____________________

Hoje sinto :

Escreva ou desenhe o que quiser sobre o seu dia :

Os meus obstáculos e o que aprendi :

Se a gratidão não é a felicidade em si, ela tem gosto por ela : [Risos] - ROBERT EMMONS.

O que eu fiz foi interessante :

Dia :

Data :

Estou grato por isso :

1 ____________________

2 ____________________

3 ____________________

Hoje sinto :

Escreva ou desenhe o que quiser sobre o seu dia :

Os meus obstáculos e o que aprendi :

Se a gratidão não é a felicidade em si, ela tem gosto por ela : [Risos] - ROBERT EMMONS.

O que eu fiz foi interessante :

Dia : **Data :**

Estou grato por isso :

1 ______________________________

2 ______________________________

3 ______________________________

Hoje sinto :

Escreva ou desenhe o que quiser sobre o seu dia :

Os meus obstáculos e o que aprendi :

Se a gratidão não é a felicidade em si, ela tem gosto por ela : [Risos] - ROBERT EMMONS.

O que eu fiz foi interessante :

Dia : **Data :**

Estou grato por isso :

1. ____________________
2. ____________________
3. ____________________

Hoje sinto :

Escreva ou desenhe o que quiser sobre o seu dia :

Os meus obstáculos e o que aprendi :

Se a gratidão não é a felicidade em si, ela tem gosto por ela : [Risos] - ROBERT EMMONS.

O que eu fiz foi interessante :

Dia : **Data :**

Estou grato por isso :

1 ______________________________________

2 ______________________________________

3 ______________________________________

Hoje sinto :

Escreva ou desenhe o que quiser sobre o seu dia :

Os meus obstáculos e o que aprendi :

Se a gratidão não é a felicidade em si, ela tem gosto por ela : [Risos] - ROBERT EMMONS.

O que eu fiz foi interessante :

Dia : **Data :**

Estou grato por isso :

1 ______________________________

2 ______________________________

3 ______________________________

Hoje sinto :

Escreva ou desenhe o que quiser sobre o seu dia :

Os meus obstáculos e o que aprendi :

Se a gratidão não é a felicidade em si, ela tem gosto por ela : [Risos] - ROBERT EMMONS.

O que eu fiz foi interessante :

Dia : **Data :**

Estou grato por isso :

1. ______________________________
2. ______________________________
3. ______________________________

Hoje sinto :

Escreva ou desenhe o que quiser sobre o seu dia :

Os meus obstáculos e o que aprendi :

Se a gratidão não é a felicidade em si, ela tem gosto por ela : [Risos] - ROBERT EMMONS.

O que eu fiz foi interessante :

Dia :

Data :

Estou grato por isso :

1 ____________________

2 ____________________

3 ____________________

Hoje sinto :

Escreva ou desenhe o que quiser sobre o seu dia :

Os meus obstáculos e o que aprendi :

Se a gratidão não é a felicidade em si, ela tem gosto por ela : [Risos] - ROBERT EMMONS.

O que eu fiz foi interessante :

Dia :

Data :

Estou grato por isso :

1 ____________________

2 ____________________

3 ____________________

Hoje sinto :

Escreva ou desenhe o que quiser sobre o seu dia :

Os meus obstáculos e o que aprendi :

Se a gratidão não é a felicidade em si, ela tem gosto por ela : [Risos] - ROBERT EMMONS.

O que eu fiz foi interessante :

Dia : **Data :**

Estou grato por isso :

1

2

3

Hoje sinto :

Escreva ou desenhe o que quiser sobre o seu dia :

Os meus obstáculos e o que aprendi :

Se a gratidão não é a felicidade em si, ela tem gosto por ela : [Risos] - ROBERT EMMONS.

O que eu fiz foi interessante :

Dia : Data :

Estou grato por isso :

1 ____________________

2 ____________________

3 ____________________

Hoje sinto :

Escreva ou desenhe o que quiser sobre o seu dia :

Os meus obstáculos e o que aprendi :

Se a gratidão não é a felicidade em si, ela tem gosto por ela : [Risos] - ROBERT EMMONS.

O que eu fiz foi interessante :

Dia : Data :

Estou grato por isso :

1 ____________________

2 ____________________

3 ____________________

Hoje sinto :

Escreva ou desenhe o que quiser sobre o seu dia :

Os meus obstáculos e o que aprendi :

Se a gratidão não é a felicidade em si, ela tem gosto por ela : [Risos] - ROBERT EMMONS.

O que eu fiz foi interessante :

Dia :

Data :

Estou grato por isso :

1 ______________________________

2 ______________________________

3 ______________________________

Hoje sinto :

Escreva ou desenhe o que quiser sobre o seu dia :

Os meus obstáculos e o que aprendi :

Se a gratidão não é a felicidade em si, ela tem gosto por ela : [Risos] - ROBERT EMMONS.

O que eu fiz foi interessante :

Dia : Data :

Estou grato por isso :

1 ____

2 ____

3 ____

Hoje sinto :

Escreva ou desenhe o que quiser sobre o seu dia :

Os meus obstáculos e o que aprendi :

Se a gratidão não é a felicidade em si, ela tem gosto por ela : [Risos] - ROBERT EMMONS.

O que eu fiz foi interessante :

Dia : Data :

Estou grato por isso :

1 ______________________________

2 ______________________________

3 ______________________________

Hoje sinto :

Escreva ou desenhe o que quiser sobre o seu dia :

Os meus obstáculos e o que aprendi :

Se a gratidão não é a felicidade em si, ela tem gosto por ela : [Risos] - ROBERT EMMONS.

O que eu fiz foi interessante :

Dia : **Data :**

Estou grato por isso :

1 ______________________

2 ______________________

3 ______________________

Hoje sinto :

Escreva ou desenhe o que quiser sobre o seu dia :

Os meus obstáculos e o que aprendi :

Se a gratidão não é a felicidade em si, ela tem gosto por ela : [Risos] - ROBERT EMMONS.

O que eu fiz foi interessante :

Dia : Data :

Estou grato por isso :

1 ____________________

2 ____________________

3 ____________________

Hoje sinto :

Escreva ou desenhe o que quiser sobre o seu dia :

Os meus obstáculos e o que aprendi :

Se a gratidão não é a felicidade em si, ela tem gosto por ela : [Risos] - ROBERT EMMONS.

O que eu fiz foi interessante :

O que mudou :

A gratidão é a mais agradável das virtudes... um segundo prazer, que prolonga um primeiro: como um eco de alegria para a alegria experimentada, como uma felicidade adicional para mais felicidade. O que poderia ser mais simples? Prazer de receber, alegria de estar alegre: gratidão.

O que ainda tenho de realizar para alcançar os meus objectivos :

Printed by Amazon Italia Logistica S.r.l.
Torrazza Piemonte (TO), Italy

53636231R00069